CATALOGUE

DE

DESSINS D'ARCHITECTURE

ENCADRÉS ET EN FEUILLES

LIVRES D'ARCHITECTURE

SUR LES BEAUX-ARTS ET LA LITTÉRATURE

Gravures en feuilles, Bronzes d'art, Deux grandes Bibliothèques

UNE TABLE EN MARBRE, PORPHYRE & AGATE

Formant le Cabinet de M. M***, Architecte,

DONT LA VENTE AURA LIEU

HOTEL DES COMMISSAIRES-PRISEURS

Rue Drouot, 5

SALLE N° 3, AU PREMIER ÉTAGE

Les Lundi 23 et Mardi 24 Décembre 1861, à 2 heures.

Par le ministère de Me BOULOUZE, Commissaire-Priseur,
rue Ollivier-Saint-Georges, 14,

Assisté de M. CLEMENT, Marchand d'Estampes de la Bibliothèque
Impériale, rue des Saints-Pères, 3,

CHEZ LESQUELS SE DISTRIBUE LE PRÉSENT CATALOGUE.

EXPOSITION PUBLIQUE

Le Dimanche 22 Décembre 1861, de 1 heure à 4 heures.

PARIS

RENOU & MAULDE

IMPRIMEURS DE LA COMPAGNIE DES COMMISSAIRES-PRISEURS

RUE DE RIVOLI, 144

—

1861

ORDRE DES VACATIONS

Le Lundi 23 Décembre 1861 :

LES LIVRES.

Le Mardi 24 :

LES GRAVURES ET DESSINS ENCADRÉS ET EN FEUILLES;
LES MEUBLES, BRONZES, ETC.

CONDITIONS DE LA VENTE

Elle sera faite au comptant.

Les Acquéreurs paieront, en sus des adjudications, CINQ pour CENT, applicables aux frais de la vente.

Les Livres devront être collationnés dans les vingt-quatre heures.

DÉSIGNATION

TABLEAUX

32   1 — **Blondel.** Esquisses peintes pour le salon de Diane, à Fontainebleau. Quatre tableaux signés.

12   2 — **Boisselier.** Vue de la fontaine de Diane, à Fontainebleau.

88   3 — **Cazati**, élève de Lepoitevin. Marines. Deux jolis tableaux signés. —

13   4 — **Grandpierre** (Mlle). Vue du salon de Diane, à Fontainebleau.

DESSINS ENCADRÉS

67 X   5 — **Baltard** (père). Fontaine de Diane, à Fontaineblcau. Dessin colorié.

13   6 — **Durand** (H.). Hôtel-de-Ville de Bourges. Dessin colorié.

7 — **Granet**. Vue de Monte-Cavalle. Dessin à la sépia.

8 — Vue de Tivoli. A la sépia.

9 — Vues de Rome. Deux dessins à la sépia.

10 — Arc de Dolla-Bella, à Rome. Dessin à la sépia.

11 — **Hurtault**. Plafond projeté pour le salon de Napoléon Ier, à Fontainebleau. Beau dessin colorié.

12 — Façade du salon projeté pour le roi de Rome. Beau dessin colorié.

13 — Projet de fontaine monumentale pour le boulévart Bonne-Nouvelle. Dessin lavé.

14 — Projet pour un grenier public. Dessin à la plume, qui a obtenu un grand prix.

15 — **Kezerman**. Vue du Colisée, à Rome. Dessin colorié.

16 — **Malpièce**. Élévation du portique du Panthéon, à Rome, d'après Ach. Leclerc. Dessin lavé.

17 — La grande tour du château de Coucy. Dessin colorié.

18 — **Moutier**. Grand escalier du couvent des Bénédictins, à Catane. Dessin à la sépia.

19 — **Nicole**. Vue d'oratoire, à Pise. Dessin colorié.

20 — **Percier**. Décoration pour le Théâtre-Français. Dessin colorié.

21 — **Percier** (d'après). Plan, élévation et vue perspective de l'hôpital de Milan. Dessin lavé.

22 — **Senart**. Ornements et plafond de la villa Pia, à Rome. Beau dessin très-soigné et colorié.

23 — Peintures du musée Portici, à Pompéïa. Beau dessin colorié.

24 — Peinture pour le musée Portici, à Pompéïa. Dessin colorié.

25 — Maison derrière le Calcidicum, à Pompéïa. Dessin colorié.

26 — **Thibault**. Vues d'Italie. Sept dessins à la sépia dans le même cadre.

27 — **Turpin de Crissé**. Vue d'Italie. Dessin à la sépia.

28 — VOYAGE D'ITALIE : de Paris à Rome par Turin, Milan, Florence, Bologne, Venise, Naples, Pompéïa, etc. Recueil d'environ 3,500 dessins, de vues, plans, coupes, élévations, et détails des monuments, églises, palais et maisons des principales villes de l'Italie, par MM. Hurtault, Bury et autres, montés sur papier blanc et renfermés dans quatorze portefeuilles gr. in-fol. (Collection très-intéressante.) Pourra être divisé.

ESTAMPES

28 bis — **Boissieu** (J.-J.). Recueil d'Estampes, gravées par ce maître. 68 pl.

29 — **Gandolfi** (G.). L'Enfant Jésus entouré de saint Jean et d'anges. Épreuve avant toutes lettres.

30 — Judith, d'après C. Allori. Épreuve avant la lettre.

31 — **Ghisi** (Georges). Les angles de la chapelle Sixtine, au Vatican, d'après Michel-Ange (B. 17-22). 6 p. Belles épreuves ; elles sont doublées.

32 — La Dispute du Saint-Sacrement et l'école d'Athènes (B. 23-24). 2 p. Elles sont doublées.

33 — **Morghen**. (Raphaël). Tête de Christ, d'après L. de Vinci.

34 — Le Repos en Égypte et la Danse des Muses, d'après le Poussin.

35 — Le Char de l'Aurore, d'après le Guide.

36 — La Jurisprudence et la Vierge au sac. Deux p.

37 — Portraits de Raphaël et la Fornarine.

38 — Portrait de Léonard de Vinci. D'après lui-même.

39 — Portrait de Moncade. D'après Van Dyck.

40 — **Perfetti** (Ant.). La Présentation au Temple, d'après Fr. Bartholoméo.

41 — Cathédrale de Bourges, par Hazé. Encadrée.

41 bis — Les arabesques, stucs et loges du palais du Vatican, peints par Raphaël et gravés par Ottoviani ; 43 planches grand-in-fol., renfermées dans un grand portefeuille. *Bel exemplaire.*

LIVRES A FIGURES

42 — **Vitruvius,** per Jocundum solito castigatior factus cum figuris et tabula ut jam legi et intelligi possit. Venetiis, Joannis de Tridino, 1511 ; 1 vol. in-4, veau.

43 — **M. Vitruvii.** De architecturâ libri decem, summâ diligentia recogniti atque excusi, cum nonnullis figures nunquam antea impressis : additis Julii Frontini de aquæ ductibus libris , propter materiæ affinitatem (Edente Jo. Jocunde), 1523 ; in-8, fig. en bois, bas. j.

44 — J. Dieci Libri Dell' architettura di M. Vitruvio, tradutti et commentati da monsignor Barbaro Fietto Patriarco d'Aquileggia. In Vinegia, per F. Marcolini, 1556 ; 1 vol. in-f°, fig. sur bois, d.-rel.

45 — Les Dix Livres d'architecture de Vitruve. Paris, Coignard, 1673 ; 1 vol. in-fol., veau, fig.

46 — L'Architettura di M. Vitruvio Pollione, avec la traduction du marquis Berardo Galiani. Naples, 1758 ; 1 vol. in-fol., mar. roug., tr. dorée, fig.

47 — Regola delli Ordini d'architettura di Jac. Bar-
rozio da Vignola; in-fol , discours et pl.
gravées. Première édition.
Libro d'Ant. Labaco, appartenente a l'architettura nel quale si figurano alcune nota-
bili antiquita di Roma. Roma, 1559; in-fol.,
parch , basane.

Dans le même volume se trouvent plusieurs suites de détails d'architecture gravées par le maître à la chausse-trappe et autres, des
arabesque , trophées, vases, gravés par Ænée Vico et Ducerceau.

48 — ours d'architecture qui comprend les ordres
de Vignole, par C. A. d'Aviler, architecte.
A Paris, chez Pierre Jean Mariette, 1750;
2 vol. in-4, mar. rouge , tr. dorée. *Superbe*
exemplaire.

49 — Les Quatre Livres de l'architecture d'André
Palladio, m.s en français A Paris, de l'imp.
d'Edme Martin, 1650 ; 1 vol. in-fol., veau.

50 — Des Bâtiments inédits de And. Palladio Vicen-
tini, enrichis de planches. Venise, 1760 ;
1 vol. in-fol ; basane.

51 — Tutte l'Opere d'Architettura et prospetiva di
Sebastiano Serlio, Bolognese, diviso in sette
libri. In Vinegia, Francesco de Franceschi ;
1600; 1 vol. in-4, d.-rel.

52 — Le premier tome de l'Architecture de Philibert
de l'Orme, conseiller et aumosnier ordinaire
du roy, et abbé de S.-Sergé-lez-Angiers.
A Paris, chez Frédéric Morel , rue Saint-
Jean-de-Beauvais, 1568, avec privilége du
roy; 1 vol. in-fol., cart.

53 — Nouvelles inventions pour bien bastir, à petits
  fraiz, trouvées naguères, par Philibert de
  l'Orme. A Paris, de l'imprimerie de J. Mar-
  nef et G. Cavellot, 1578 ; 1 vol. in-fol., veau.

54 — Livre d'Architecture de Jacques Androuet du
  Cerceau. A Paris, pour Jacques Androuet du
  Cerceau, 1582.
  Livre d'Architecture de Jacques Androuet du
  Cerceau, contenant les plans et dessaings de
  cinquante bâtiments de Paris. Berjon, 1611.
  Leçons de perspective positive, par Jacques
  Androuet du Cerceau. A Paris, Mamert Pa-
  tisson, 1576. Trois parties en 1 vol. in-fol.,
  vélin.

55 — Le premier et le second volume des plus ex-
  cellents bâtiments de France, par Jacques
  Androuet du Cerceau. A Paris, pour ledit
  Jacques Androuet du Cerceau, 1607 ; 1 vol.
  in-fol., vél., avec ornements sur le plat.

56 — Les Grands Temples de Jacques Androuet du
  Cerceau. Vingt planches.
  Instruction en la science de perspective, par
  Henry Hondius ; 1 vol. in-fol., v marbré.

57 — L'Architecture française, ou Recueil des plans,
  élévations, coupes et profils des églises, palais, hôtels et maisons particulières de Paris,
  et des châteaux et maisons de campagne ou
  de plaisance des environs, etc., de France,
  par Jean Marot. A Paris, chez Jean Mariette,
  rue Saint-Jacques, 1727 ; 1 vol. in-fol., v.
  Bel exemplaire.

58 — Les Bains de Titus, dessinés par Francesco
   Smuyliewicz, et gravés par Carloni; 1 vol. gr.
   in-fol., contenant 61 pl.

59 — Scielta. D. Varii tempietti. Antichi, dessinés
   par J. B. Montano, et gravés par Soria.
   Roma, 1624; 1 vol. in-fol., vél., fig.

60 — Les Antiquités d'Athènes, mesurées et dessinées par J. Stuart et N. Revett, et publié
   par C. P. Landon. Paris, imprimerie de
   Firmin Didot, 1808; 4 vol. in fol., avec pl.,
   d.-rel., basane.

61 — Jonian antiquities, published, with per-
   mission of the society of dilettanti, by
   R. Chandler, N. Revett et W. Pars. London,
   1769; 1 vol. in fol., veau, pl., tr. dor.

62 — Dessins d'architecture de Inigo Jones. London,
   1770; 2 parties en 1 vol. in-fol, d.-rel.

63 — Histoire de l'art monumental dans l'antiquité
   et au moyen âge, par L. Batissier. Paris,
   Furne, 1845; 1 vol. in-4, d.-rel. mar. r.

64 — Monuments anciens et modernes, publiés par
   J. Gailhabaud. Paris, F. Didot frères, 1846;
   1re et 2e série; 2 vol. in-4, dem.-rel.

65 — Architecture toscane, ou palais, maisons et
   autres édifices de la Toscane, par A. Grand-
   jean de Montigny et A. Fremin. Paris, imprimerie Didot, 1815; 1 vol. in-fol., cart,
   pl. au trait.

66 — Architecture moderne de la Sicile, par Hittorff
et Zanth, architectes. Paris, 1830 ; 1 vol.
in-fol., d.-rel. mar. r., contenant 75 pl ,
au trait.

67 — Etudes relatives à l'art des constructions, re-
cueillies par L. Bruyère. Paris, Bance, 1823;
2 vol. gr. in-fol,, contenant 184 pl. et texte,
d -rel. mar. vert.

68 — Dictionnaire de l'architecture française du XIe
au XVIe siècle , par M. Viollet-le-Duc. Paris,
Bance, 1856 et années suiv.; 5 vol. in-8, br.

69 — L'Art de bien bastir, du seigneur Léon-Bap-
tiste Alberti. A Paris, G. Keruer, 1553; 1 vol.
in-fol., veau.

70 — L'Art de charpenterie, de Mathurin Jousse. A
Paris, Thomas Moette, 1702 ; 1 vol. pet. in-
fol., veau.

71 — Manière de bien bâtir, pour toutes sortes de
personnes, par P. Lemuet. Paris, F. Lan-
glois, 1647 ; 1 vol. in-fol., basane, fig.

72 — Recueil de décorations intérieures, compre-
nant tout ce qui a rapport à l'ameublement,
par Percier et Fontaine. Paris, imp. Didot,
1812; 1 vol. in-fol., cart.

73 — Traité de l'art de la charpenterie, par A.-R.
Emy. Paris, 1837; 1 vol. gr. in-fol. de pl.
et 2 vol. in-4, texte, d.-rel. mar. vert.

74 — Traité sur l'art de la charpente théorique et
pratique, par J. Ch. Krafft, architecte.
Paris, 1819 ; 6 parties en 4 vol. in-fol., cart.

75 — Mélanges d'ornements, par E. Leconte Paris,
1838; 2 vol. in-fol.; plus le 3e vol. en li-
vraisons.

76 — Les édifices antiques de Rome, mesurés et dessinés par Desgodetz. Paris, Jombert, 1779;
1 vol. in-fol., tr. d., fig.

77 — Palais, maisons et autres édifices modernes,
dessinés à Rome, par Percier et Fontaine.
Paris, 1798; 1 vol. in-fol., cart.

78 — Choix des plus célèbres maisons de plaisance
de Rome et de ses environs, mesurées et
dessinées par Percier et Fontaine. Paris,
P. Didot, 1809; 1 vol. in-fol., d.-rel. en
mar. r.

79 — Palais de Rome, par les plus célèbres architectes, dessinés par Pietro Ferrerio et gravés
par Rossi; 1 vol gr. in-fol. obl.

80 — Édifices de Rome moderne, ou Recueil des palais, maisons, églises, etc., de la ville de
Rome, dessinés et mesurés par P. Leta-
rouilly, architecte. Paris, 1840-1850; 2 vol.
gr. in-fol. de pl., d.-rel., et 2 vol. in-4 de
texte, br.

81 — Rome ancienne et moderne depuis sa fondation
jusqu'à nos jours, par Mary Lafon. Paris,
Furne, 1854; 1 vol. in-4, d.-rel. en mar. vert.

82 — Veterum sepulcra sue Mausolea romanorum,
et utruscorum inventa in urbe Roma, col-
lecta et delineata a Petro sanctio Bartolio.

Lugduni Batavorum, Petrus Van Der. Aa.
1702; dans le même vol. Veterum lucernæ
sepulcralis. 1 vol. in-fol., v. m.

83 — Plan de la villa Adrien, par Piero Ligorio et
Francesco Contini, auquel sont annexés 61
dessins manuscrits faits en 1811 et 1812.

84 — Architettura della basilica di S.-Pietro in Vaticano, de Gio-Battista Costaguti fatta espri-
mere e intagliare da Martino Ferrabosco, di
nuovo data alle stampe da Gio-Bat. Costaguti juniore. Roma, 1684; in-fol., fig., d.-
rel.

85 — 'Il tempio Vaticano e sua origine, con gl'Edi-
fitii più cospicui antichi, e moderni fatti
d'entro, e fuori di esso, descritto dal cav.
Carlo Fontana. Roma, Gio Francesco Buayni,
1694; 1 vol. in-fol., vél.

86 — Castelli, e Ponti di Maestro Niccola Zabaglia,
con alcune ingegnose pratiche, e con la des-
crizione del trasporto dell' Obelisco Vaticano,
e di altri del cavaliere Domenico Fontana.
Roma, 1743; in vol. in-fol., d.-rel. maroq.
vert.

87 — Basilicæ S.-Mariæ Majoris de Urbe, à Liberio
Papâ I, usqué ad Paulum V, descriptio et
delineatio, actuore Paulo de Angelis. Romæ,
1621, in-fol., fig., d.-rel.

88 — Charpente de la cathédrale de Messine, par
H. Leroux. Paris, imp. F. Didot, 1842; 8 pl.
col. avec texte.

89 — Vases, candelabres, sarcophages, par Piranesi.
55 pl., gr. in-fol., publiés en 1778.

90 — Voyage pittoresque et historique de l'Espagne,
par le comte Alexandre de La Borde. Paris,
1806-1820; 2 part. en 4 vol. gr. in-fol.,
fig.

91 — Voyage en Scandinavie, en Laponie, au Spitz-
berg et au Feroë, pendant les années 1838,
1839 et 1840, sur la corvette *la Recherche*,
publié par ordre du gouvernement sous la
direction de M. Paul Gaimard, avec la col-
laboration de M. le docteur Robert. Atlas
historique et pittoresque ; 2 vol. gr. in-fol.,
d.-rel. mar. r., contenant de nombreuses
pl. litographiées et 1 autre vol. en livr.,
atlas géographique, géologique et zoologique.

92 — Voyage en Islande et au Groënland, publié par
ordre du roi, sous la direction de Paul
Gaimard ; 2 vol. gr. in-fol. de pl., atlas historique, zoologique, médical et géographique, d.-rel. mar. viol.

93 — L'ancienne Auvergne et le Velay, histoire ar-
chéologique, mœurs, topographie, par Ad.
Michel et une société d'artistes. Moulins,
imp. de Desrosiers, 1845 et suiv.; 40 livrais.
in-fol., texte et pl.

94 — Le magnifique château de Richelieu en Poitou,
gravé par J. Marot, architecte ; 1 vol. in-fol.
obl., bas.

95 — Vues du château de Vaucé, par Tudo ; 1 vol. in-fol. cart., pl. lithographiées.

96 — Châteaux et ruines historiques de France, par A. de Lavergne. Paris, C. Warée, 1845; 1 vol. in-4, d.-rel. mar. v.

97 — Choix d'édifices publics projetés et construits en France, depuis le commencement du xixe siècle, publié par MM. Gourlier, Biet, etc. Paris, L. Colas, 1825 à 1836; 5 vol. in-fol., d.-rel. mar. vert.

98 — Galerie de Florence et du palais Pitti, par Vicar et Masquelier ; les 13 premières livr.

99 — Supplément aux Galeries de Versailles, par M. Gavard ; 68 livr., grand in-fol., papier de Chine.

100 — Costumes anciens depuis Clovis à Napoléon Ier, par Bonnier et Rattier ; 37 livr. in-4. Manque la livr. 32.

101 — Tombeaux de Louis XII et François Ier, par E.-F. Imbar, architecte. Paris, de l'imprimerie de Didot; 1815; 1 vol. in-fol. cart., pl. au trait.

102 — Représentations et autres beautés singulières de Venise. Leyde, 1763; 1 vol. in-fol veau., grand nombre de pl.

103 — Dessins des édifices, meubles, habits, machines et ustensiles des Chinois, par Chambers, architecte. Londres, 1757 ; 1 vol. in-fol., veau.

104 — La Chine ; mœurs, usages, costumes, arts et
métiers, etc., par le baron de Malpière ;
2 vol. in-4, d.-rel. mar. vert.

105 — Description des cérémonies et des fêtes qui ont
eu lieu pour le couronnement de Napo-
léon Ier et Joséphine, son épouse, par C.
Percier et P.-F.-L. Fontaine. Paris, Leblanc,
1807 ; in-fol., cart.

106 — OEuvre du baron François Gérard, de 1789 à
1836, 1re part. portraits, 2e part. tableaux ;
2 vol. in-fol., d.-rel. ; plus la notice sur
l'œuvre.

107 — Force commerciale de la Grande-Bretagne,
par le baron Ch. Dupin ; 1 vol. in-fol. de pl.
et 2 vol. in-4 de texte, d.-rel.

108 — Monographie de Sainte-Marie d'Auch, par
M. l'abbé Canéto, gravée et lithographiée
d'après les dessins de MM. Durand, Lettu
et autres. Paris, Didron, 1857 ; in-fol.,
39 pl. et texte en liv.

109 — Deuxième recueil de divers mémoires extraits
de la bibliothèque impériale des ponts et
chaussées, par Lesage. Paris, 1808 ; 1 vol.
in-4 avec un portrait de Perronnet par Saint-
Aubin.

110 — Annales archéologiques dirigées par Didron
aîné. Paris, 1844 et années suiv. ; 18 vol. gr.
in-4, d.-rel. en toile, non rognés.

BRONZES

111 — Deux coupes, dont une d'après Benvenuto Cellini, diverses statuettes de Vénus, Minerve, Jupiter, Hercule et Anthée, etc. ; sera divisé.

112 — **Huguenin**. Statuette du général Bonaparte.

113 — Vie de saint Bruno, 18 sujets exécutés en bronze ciselé.

MEUBLES

114 — Une table ronde, composée de 90 échantillons de marbre, porphyre, agate, etc., incrustés dans une table en marbre blanc, montée sur un pied en acajou.

115 — Un meuble chinois en vieux laque, composé de dix tiroirs, emboîté dans un encadrement en acajou, avec dessus de marbre.

116 — Deux grandes bibliothèques en chêne et noyer de 2 m. 30 cent. de long sur 2 m. 70 cent. de haut, divisées chacune en trois travées vitrées.

117 — Un bureau en acajou de 1 m. 80 c. sur 80 c., dessus de basane avec tiroirs, tables de rallonge et caisse.

118 — La Tour des Vents, à Athènes. Modèle en plâtre par Fouquet, sur un socle. Provenant de la vente du comte Choiseul-Gouffier.

119 — Sous ce numéro, il sera vendu environ 300 volumes de divers ouvrages :

Architecture, livres à figures, littérature, etc., dont : J. Rondelet; Traité théorique et pratique de l'art de bâtir.— Frontin; Commentaires sur les aqueducs de Rome. — Vauclair; Dictionnaire des travaux publics. — Boignis; Traité de construction. — Antonini (Carlo); Manuel du vrai ornemaniste. — Quatremère de Quincy; Histoire et vie des architectes. Dictionnaire des architectes. — Guenebault; Dictionnaire iconographique des monuments de l'antiquité. — Chaudon et Delandine; Nouveau Dictionnaire historique. — Boulard; Dictionnaire des arts du dessin. — Fremy Ligneville; Traité de la législation des bâtiments. — Durand; Précis des leçons d'architecture données à l'Ecole polytechnique. — Monteil; Histoire de France. — Dangerville; Vie des fameux architectes. — Winkelmann; Dictionnaire d'architecture, etc.; gravures, dessins et calques en feuilles; environ 300 portraits lithographiés, publiés par madame Delpech, et tous les articles omis.

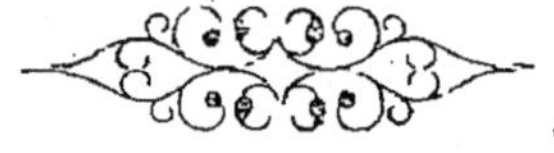

RENOU et MAULDE, Imprimeurs de la Compagnie des Commissaires-Priseurs, 141, rue de Rivoli.   7648

3 vol —   16 —
2 vol —   13 - 80